George Washington

Abschiedsrede

Textgrundlage für die deutsche Übersetzung ist *Washington's Farewell Address to the People of the United States*. Prepared by the United States Senate Historical Office. S. PUB. 115–5 (Rev. 12/17).

Gestaltung und Satz: Alexandra Wothe, QUBUS media GmbH, Hannover
Gesetzt aus der Garamond
Titelbild: Washington-Porträt von Gilbert Stuart (1795)
Druck und Weiterverarbeitung: QUBUS media GmbH, Hannover

ISBN 978-3-96993-000-7

Berliner Verlagsbuchhandel
Nikolsburger Straße 10
10717 Berlin
www.berlinerverlagsbuchhandel.de

George Washington

Abschiedsrede an das Volk der Vereinigten Staaten

Aus dem amerikanischen Englisch
von Hans-Christian Oeser

Mit einem Vorwort von Jürgen Overhoff

Berliner Verlagsbuchhandel

Vorwort

Als mit den am 4. Juli 1776 für unabhängig erklärten USA der erste föderale, republikanische und demokratische Flächenstaat der Moderne ins Leben gerufen wurde, war den daran beteiligten Founding Fathers bewusst, dass die von ihnen betriebene Staatsgründung im Geist der Aufklärung – also der anspruchsvolle Versuch der freiheitlichen Selbstregierung einer großen Nation – einem gewagten politischen Experiment glich, über dessen Erfolg nur die Zukunft entscheiden konnte. Auch das 1787 im Rahmen der neuen amerikanischen Verfassung geschaffene Amt des Präsidenten der Vereinigten Staaten kannte kein historisches Vorbild, weshalb sein erster Inhaber, der virginische General George Washington, ab 1789 modellhaft Maßstäbe setzte, die für alle nachfolgenden Generationen Vorbildcharakter haben sollten.

Mit der ersten Amtszeit ihres Regierungschefs waren die amerikanischen Bürger mehrheitlich so zufrieden, dass sie ihn bei der zweiten Präsidentschaftswahl im Dezember des Jahres 1792 für weitere vier Jahre im Amt bestätigten. 1796 entschied Washington aus freien Stücken, für eine erneute Wiederwahl nicht mehr zur Verfügung zu stehen. Er verzichtete auf die Macht, weil er die Verfahrensweisen der Demokratie, die auf den beständigen Austausch und die gezielte Erneuerung des Führungspersonals setzt, für weitaus wichtiger erachtete als seinen persönlichen Vorteil.

In einer längeren Erklärung an seine amerikanischen Mitbürger, die er auf den 17. September 1796 datierte, führte Washington nicht nur persönliche Gründe für seinen Rückzug von der politischen Bühne an, sondern er leistete zugleich ein Bekenntnis zu den Grundsätzen des Republikanismus, zur Demokratie und zum System der Gewaltenteilung. Diese Prinzipien der freiheitlichen Staatlichkeit sollten gemäß seinem ausdrücklichen Wunsch von allen kommenden Bürgern und Präsidenten der USA beherzigt werden, um das amerikanische Gemeinwesen dauerhaft vor dem Abgleiten in Korruption, Parteienhader und Despotie zu bewahren.

Washingtons eindrucksvolle Abschiedsworte, die als seine »Farewell Address« in die Geschichte eingegangen sind, haben auch nach über zwei Jahrhunderten nichts von ihrer zeitlosen Weisheit eingebüßt. Zugleich sind sie als bleibende Mahnung in fast schon bestürzender Weise aktuell und relevant. Wer ein lebhaftes Interesse am Wohlergehen der Demokratie und am föderalen Rechtsstaat hat, sollte sich daher wieder und wieder mit Washingtons »Farewell Address« auseinandersetzen. Ihre Lektüre bleibt aufschlussreich, sie bietet nach wie vor eine unverzichtbare politische Orientierung.

Es sind wohlüberlegte Warnungen, die Washington in seinem Abschiedsbrief in gründlich durchdachter Weise ausformuliert. Wiewohl eine Demokratie nicht ohne das Wirken von Parteien auskommt, deren Repräsentanten den Bürgern unterschiedliche Wege und Ziele des politischen Handelns aufzuzeigen haben, darf eine Partei die eigenen Interessen niemals über das Wohl der gesamten Nation stellen, das zu jeder Zeit in der konsequenten Beachtung der demokratischen und rechtsstaatlichen Gebote, Regeln und Konventionen besteht. Sobald der »Mutwille des Parteigeistes« unter Missachtung der Verfassung im amerikanischen Volk »die Animosität eines Teils gegen den anderen« schürt, »falschen Alarm« liebt und selbst vor einem gezielt entfachten »Aufruhr« nicht zurückschreckt, um »einen Teil« des Landes »den übrigen zu entfremden«, werden die Grundregeln des fairen Zusammenlebens schwer beschädigt. Nur »abgefeimte, ehrgeizige und skrupellose Männer« gehen so vor, weshalb ihnen unter gar keinen Umständen die Leitung der amerikanischen Regierung anvertraut werden darf.

Es ist demnach das von Washington hochgeachtete und geradezu »als etwas Heiliges« betrachtete Verfassungssystem der *checks and balances*, also die zwischen Regierung, Gesetzgebung und Rechtsprechung gut austarierte Form der Gewaltenteilung im Staat, die einzig dafür bürgen kann, dass die republikanische Freiheit gewahrt bleibt. Die »Notwendigkeit wechselseitiger Kontrolle bei der Ausübung politischer Macht« ist als Fundament der amerikanischen Verfassung jederzeit über die Ambitionen einzelner Politiker oder bestimmter Parteien zu stellen. Die Verteidigung der Gewaltenteilung muss für einen Bürger der Vereinigten Staaten »eine heilige Verpflichtung« sein.

So zeugt es von einer »verhängnisvollen Tendenz«, wenn Mitglieder der amerikanischen Regierung damit beginnen, reguläre Beratungen, Handlungen und Abläufe des freiheitlichen Verfassungssystems zum Zwecke des puren Machterhalts zu »konterkarieren«. Der Übergriff der Exekutive in die Sphäre der Judikative ist strengstens zu missbilligen. Derartige Ambitionen gleichen einem fatalen Angriff auf die freiheitliche Verfassung. Zwangsläufig wirkt eine solche Attacke daher »zerstörerisch« auf das »Grundprinzip« des demokratischen Zusammenlebens der gesamten amerikanischen Nation. Eine derartige Politik kann nur jemand im Sinn haben, der »die Zügel der Regierung an sich zu reißen« gedenkt, um »hinterher ebenjene Instrumente zu zerstören«, die der Demokratie doch eigentlich das Überleben sichern sollten.

Um ein solches Szenario zu verhindern, kommt es darauf an, »die stärksten Leidenschaften des menschlichen Gemüts« zu zügeln, denn Menschen, die in irrationale Wallung gebracht werden, um dem »Geist der Rache« zu frönen, können von geschickten Demagogen durchaus dazu gebracht werden, ihr Heil und ihre Genugtuung »in der absoluten Macht eines Individuums zu suchen«. Dass es diese latente Versuchung des Absolutismus auch in der Demokratie gibt, sollte bei nüchterner Betrachtung der Dinge »nicht ganz aus dem Blick geraten«, um ihr nicht unversehens zu erliegen. In einer »freien, aufgeklärten« und »großen Nation« muss daher die öffentliche, kritische und immer reflektierte »Bildung« darauf abzielen, dass Schulen, Universitäten und die wichtigsten Medien der Presselandschaft als die entscheidenden »Institutionen zur allgemeinen Verbreitung von Wissen« gepflegt und wahrgenommen werden. Es ist für eine Demokratie »von größtem Gewicht«, Halbwahrheiten, Fehlinformationen und Lügen in der Politik zu entlarven und auf diese Weise dafür Sorge zu tragen, »dass die öffentliche

Meinung aufgeklärt ist«. Dazu gehört vor allem auch das freie, ungehinderte, sorgfältige und verständige Studium von Grundlagentexten der freiheitlichen, demokratischen Verfassungsgeschichte.

George Washingtons »Farewell Address«, die bewegende Botschaft des ersten amerikanischen Präsidenten an alle zukünftigen Generationen aufgeklärter Demokraten, ist ein solcher zentraler und unvergänglicher Text.

Jürgen Overhoff, Münster
im Oktober 2020

George Washington

Abschiedsrede an das Volk der Vereinigten Staaten

Freunde und Mitbürger,

die Frist für die Neuwahl eines Bürgers an die Spitze der vollziehenden Gewalt der Vereinigten Staaten rückt näher, und tatsächlich ist der Zeitpunkt gekommen, da Sie sich mit dem Gedanken befassen müssen, diejenige Person zu bestimmen, die mit dieser wichtigen Aufgabe betraut werden soll. Insofern erscheint es mir angemessen – zumal es dazu beitragen mag, dass die öffentliche Meinung deutlicher zum Ausdruck kommt –, Sie nunmehr von einer Entscheidung zu unterrichten, die ich getroffen habe: nämlich dass ich es ablehne, dem Kreis derer zugerechnet zu werden, unter denen gewählt werden muss.

Gleichzeitig bitte ich Sie, mir Gerechtigkeit widerfahren zu lassen, indem Sie meiner Versicherung Glauben schenken, dass diese Entscheidung nicht ohne strenge Berücksichtigung all der Überlegungen gefällt wurde, welche dem Verhältnis gelten, das einen pflichtgetreuen Bürger an sein Land bindet – und dass ich zu dem Schritt, das Angebot meiner Dienste zurückzuziehen, nicht etwa, wie es ein Schweigen in meiner Situation nahelegen könnte, durch ein Nachlassen meines Eifers für Ihre künftigen Belange, einen Mangel an dankbarer Achtung vor Ihrer bisherigen Gunst bewogen wurde, sondern vielmehr von der festen Überzeugung, dass er beidem Rechnung trägt.

Die Annahme des Amtes, in das Ihre Wahlstimmen mich nun schon zweimal berufen haben, und der bisherige Verbleib in diesem Amt waren ein fortgesetztes Opfer, das die Neigung meinem Pflichtgefühl und dem Respekt vor dem, was mir Ihr Wunsch zu sein schien, erbrachte. Aus Beweggründen, die ich nicht länger unberücksichtigt lassen durfte, hoffte ich stets, es hätte viel früher in meiner Macht gestanden, in jenen Ruhestand zurückzukehren, aus dem ich mich widerstrebend hatte locken lassen. So stark war diese Neigung, dass ich mich schon vor der letzten Wahl zur Ausarbeitung einer Rede veranlasst sah, in der ich sie Ihnen dargelegt hätte; doch reifliches Nachdenken über den zu jener Zeit verworrenen und kritischen Zustand unserer Angelegenheiten mit fremden Nationen sowie der einhellige Rat von Personen, die Anspruch auf mein Vertrauen hatten, bewogen mich, von diesem Vorhaben abzurücken.

Zu meiner Freude hat der Zustand Ihrer Angelegenheiten, der äußeren wie der inneren, nicht länger zur Folge, dass meiner Neigung nachzugeben unvereinbar wäre mit dem Gefühl von Pflicht oder Anstand, und ich bin überzeugt, dass Sie, wie immer Sie meine Dienste beurteilen mögen, meine Entschlossenheit, aus dem Amt zu scheiden, unter den gegenwärtigen Umständen unseres Landes nicht missbilligen werden.

Die Eindrücke, unter denen ich die Bürde des in mich gesetzten Vertrauens zu Beginn auf mich nahm, sind bereits bei passender Gelegenheit erläutert worden. Ich möchte nur sagen, dass ich bei der Erfüllung dieses Vertrauens mit guten Absichten und unter den größten

Kraftanstrengungen, deren ein höchst fehlbares Urteilsvermögen fähig war, zur Organisation und Administration der Regierung beigetragen habe. War mir die Unzulänglichkeit meiner Fähigkeiten schon anfangs bewusst, so hat mir – in meinen, aber vielleicht mehr noch in den Augen anderer – die Erfahrung Anlass gegeben, mir selbst gegenüber noch misstrauischer zu sein; und täglich mahnt mich das zunehmende Gewicht meiner Jahre mehr und mehr, dass der Schatten des Ruhestands mir ebenso notwendig ist, wie er mir willkommen sein wird. In der Überzeugung, dass, falls irgendwelche Umstände meinen Diensten besonderen Wert verliehen haben, sie nur vorübergehender Natur waren, finde ich Trost in dem Glauben, dass nun, da innerer Drang und Vernunft mich dazu auffordern, von der politischen Bühne abzutreten, mein Patriotismus es mir nicht verbietet.

In Erwartung des Augenblicks, der die Laufbahn meines öffentlichen Lebens beschließen soll, gestatten es mir meine Gefühle nicht, die tiefe Anerkennung jener Dankbarkeit unerwähnt zu lassen, die ich meinem geliebten Land für die vielen Ehrungen schulde, die mir zuteil geworden sind; mehr noch für das unerschütterliche Vertrauen, mit dem es mich unterstützt hat; und für die Gelegenheiten, bei denen ich mittels treuer und beharrlicher, obgleich an Nutzen meinem Eifer nicht ebenbürtiger Dienste meine unverbrüchliche Verbundenheit mit ihm bekunden durfte. Sollten unserem Land aus diesen Diensten Vorteile erwachsen sein, möge man sich zu Ihrem Lobpreis und als lehrreiches Beispiel in unseren Annalen stets daran erinnern, dass in Umständen, in denen die in alle Richtungen aufgewühlten Leidenschaften Gefahr liefen, in die Irre zu führen, inmitten zuweilen bedenklich Erscheinendem, inmitten oft entmutigender Wechselfälle des Schicksals, in Situationen, in denen ein Mangel an Erfolg nicht selten den Geist der Kritik befördert hat, Ihre fortwährende Unterstützung ein wesentlicher Rückhalt für sämtliche Bestrebungen war und eine Gewähr für die Pläne, mit denen sie verwirklicht wurden. Von diesem Gedanken zutiefst durchdrungen, werde ich ihn mit ins Grab nehmen, als starken Ansporn für den nie endenden Wunsch, dass der Himmel Ihnen auch weiterhin die vorzüglichsten Zeichen seiner Mildtätigkeit schenken möge; dass Ihre Union und Ihre brüderliche Zuneigung ewig währen mögen; dass die freiheitliche Verfassung, die das Werk Ihrer Hände ist, als etwas Heiliges beibehalten werden möge; dass ihre Umsetzung in jedweder Abteilung von Weisheit und Tugend geprägt sein möge; kurzum, dass sich das Glück des Volkes dieser Staaten unter den Auspizien der Freiheit durch sorgsamen Erhalt und umsichtigen Gebrauch dieser Wohltat vervollkommnen möge, so dass ihm der Ruhm zuteil wird, sie jeder Nation, der sie heute noch fremd ist, zu Beifall, Wohlwollen und Nachahmung zu empfehlen.

Vielleicht sollte ich an dieser Stelle innehalten. Doch bei einem Anlass wie dem gegenwärtigen drängt mich die Sorge um Ihr Wohlergehen, die nur mit meinem eigenen Leben endigen kann, ebenso wie die Vorahnung von Gefahr, die derartiger Sorge eigen ist, Ihnen zu ernster Betrachtung und wiederholter Prüfung einige Gedanken vorzutragen, die das Ergebnis langen Nachdenkens und nicht unbedeutender Beobachtungen sind und die mir für die Fortdauer Ihres Glückes als Volk hochbedeutsam erscheinen. Diese werden Ihnen mit umso größerer Freimütigkeit vorgetragen, als Sie in ihnen nur die uneigennützigen Warnungen eines scheidenden Freundes erblicken können, der kein persönliches Motiv hat, welches seinen Rat beeinflusst. Auch dient mir als Ermutigung, dass ich nicht vergessen habe, wie nachsichtig Sie meine Gedanken bei einem früheren und nicht unähnlichen Anlass aufgenommen haben.

Da die Liebe zur Freiheit mit jeder Faser Ihres Herzens verwoben ist, bedarf es keiner Empfehlung meinerseits, um diese Bindung zu stärken oder zu festigen.

Die Einheitlichkeit der Regierung, die Sie als *ein* Volk konstituiert, wird inzwischen auch von Ihnen wertgeschätzt. Zu Recht, ist sie doch ein Grundpfeiler im Gebäude Ihrer wahren Unabhängigkeit, die Stütze Ihrer Ruhe in der Heimat, Ihres Friedens im Ausland, Ihrer Sicherheit, Ihres Wohlstands und ebender Freiheit, die Ihnen so sehr am Herzen liegt. Da indes leicht vorherzusehen ist, dass man aus den verschiedensten Gründen und von den verschiedensten Seiten vielerlei Anstrengungen unternehmen und vielerlei Listen anwenden wird, um in Ihren Köpfen Zweifel an dieser Wahrheit zu säen; da diese Zweifel genau der Angriffspunkt in Ihrer politischen Festung sind, gegen den die Geschützbatterien innerer und äußerer Feinde am beständigsten und tatkräftigsten (wiewohl häufig verdeckt und hinterhältig) gerichtet sein werden, ist es von unendlicher Bedeutung, dass Sie den unermesslichen Wert Ihrer nationalen Einheit für Ihr kollektives und individuelles Glück richtig einschätzen; dass Sie eine herzliche, habituelle und unbeirrbare Verbundenheit mit der Union pflegen; dass Sie sich daran gewöhnen, an sie zu denken und von ihr zu sprechen als dem Hort Ihrer politischen Sicherheit und Wohlfahrt; dass Sie mit eifersüchtiger Sorge über ihren Erhalt wachen; dass Sie alles zurückweisen, was auch nur den Verdacht erregen mag, sie könnte unter Umständen aufgegeben werden; und dass Sie sich voller Entrüstung gegen die geringsten Anzeichen eines Versuchs wehren, einen Teil unseres

Landes den übrigen zu entfremden oder die heiligen Bande zu schwächen, die die verschiedenen Teile heute zusammenhalten.

Hierzu sollten Sie sich aus Anteilnahme wie auch aus Eigeninteresse veranlasst fühlen. Da Sie, durch Geburt oder Wahl, Bürger eines gemeinsamen Landes sind, hat dieses Land ein Anrecht auf Ihre ungeteilte Zuneigung. Der Name »Amerikaner«, der Ihnen in Ihrer Eigenschaft als Mitglied dieser Nation zukommt, muss den gerechten Stolz des Patriotismus stets stärker beflügeln als jede Bezeichnung, die sich aus örtlichen Unterschieden ergibt.

In leicht unterschiedlichen Schattierungen haben Sie dieselbe Religion, dieselben Sitten, Gewohnheiten und politischen Grundsätze. Sie haben für eine gemeinsame Sache zusammen gekämpft und gesiegt. Die Unabhängigkeit und die Freiheit, die Sie besitzen, sind das Werk gemeinschaftlicher Beschlüsse und gemeinschaftlicher Anstrengungen – gemeinsamer Gefahren, Leiden und Erfolge.

Mögen diese Überlegungen Ihr Empfinden auch noch so stark ansprechen, so wiegen doch diejenigen, die sich unmittelbarer auf Ihre Interessen beziehen, bei weitem schwerer. Hier findet jeder Teil unseres Landes die zwingendsten Gründe für den sorgfältigen Schutz und Erhalt der Union als Ganzes.

Der *Norden*, in uneingeschränktem Verkehr mit dem *Süden*, geschützt durch die für alle gleichen Gesetze einer gemeinsamen Regierung, findet in den Erzeugnissen des Letzteren umfangreiche zusätzliche Ressourcen für maritime und kommerzielle Unternehmungen und kostbare Materialien für das verarbeitende Gewerbe. In demselben Verkehr sieht der *Süden*, der von der Handlungsfähigkeit des *Nordens* profitiert, seine Landwirtschaft wachsen und seinen Handel expandieren. Indem er die Seeleute des *Nordens* zum Teil für die eigenen Wasserwege einsetzt, belebt sich seine spezielle Schifffahrt; und während er auf verschiedene Weise zur Pflege und Mehrung der Gesamtmenge der nationalen Schifffahrt beiträgt, kann er sich auf den Schutz einer maritimen Stärke verlassen, für die er selbst ungleich weniger geeignet ist. Der *Osten*, in ähnlichem Verkehr mit dem *Westen*, findet schon jetzt, und bei fortschreitendem Ausbau der Binnenverkehrswege zu Land und zu Wasser bald immer mehr, wertvolle Absatzmöglichkeiten für die Waren, die er aus dem Ausland einführt oder im Inland verfertigt. Der *Westen* bezieht aus dem *Osten* den für Wachstum und Wohlbefinden erforderlichen Nachschub – und was vielleicht von noch größerer Bedeutung ist: Er verdankt den sicheren Nutzen unentbehrlicher *Absatzmärkte* für seine eigenen Erzeugnisse zwangsläufig dem Gewicht, dem Einfluss und der künftigen maritimen Stärke der atlantischen Seite der Union, all das geleitet von dem Gedanken einer unauflöslichen Interessengemeinschaft *als einer Nation*. Jedes andere Verhältnis, mit dem der *Westen* diesen wesentlichen Vorteil wahrnehmen könnte, sei es aus eigener Kraft oder durch die abtrünnige und unnatürliche Verbindung mit einer fremden Macht, wäre seinem Wesen nach heikel.

Während also jeder Teil unseres Landes ein unmittelbares und gesondertes Interesse an der Union verspürt, können alle Teile gemeinsam dank vereinter Mittel und Bemühungen auf größere Stärke, größere Ressourcen, verhältnismäßig größere Sicherheit vor äußerer Gefahr und eine weniger häufige Störung ihres Friedens durch fremde Nationen rechnen; und was von unschätzbarem Wert ist: Die Union wird sie vor jenen Konflikten und Kriegen untereinander bewahren, welche so häufig Nachbarländer heimsuchen, die nicht durch ein und dieselbe Regierung zusammengehalten werden; solche hervorzubringen reichen allein schon ihre internen Rivalitäten aus, doch werden sie durch gegnerische ausländische Bündnisse, Bindungen und Ränke noch ermutigt und verschlimmert. Zudem werden sie es nicht für nötig befinden, jene überdimensionierten militärischen Apparate zu errichten, die der Freiheit unter keiner Regierungsform förderlich sind und republikanischer Freiheit gegenüber als besonders feindlich zu gelten haben. In diesem Sinne sollten Sie Ihre Union als wichtigste Stütze Ihrer Freiheit betrachten, und die Liebe zu der einen sollte Ihnen den Erhalt der anderen ans Herz legen.

Diese Überlegungen sprechen eine überzeugende Sprache für jeden nachdenklichen und tugendhaften Geist und weisen den Fortbestand der Union als wichtigstes Ziel patriotischen Strebens aus. Bestehen Zweifel, ob eine gemeinsame Regierung ein so ausgedehntes Gebiet umfassen kann? Möge die Erfahrung sie zerstreuen. In einem solchen Fall auf bloße Mutmaßungen zu hören wäre kriminell. Wir haben die berechtigte Hoffnung, dass eine geeignete Organisation des Ganzen, unter tatkräftiger Mitwirkung der Regierungen der jeweiligen Teilgliederungen, für einen glücklichen Ausgang des Experiments sorgen wird. Ein faires und vollständiges Experiment ist eine gemeinsame Regierung allemal wert. Angesichts so überzeugender und offensichtlicher Gründe für eine Union, die alle Teile unseres Landes umschließt, wird man, solange die Erfahrung nicht bewiesen hat, dass sie undurchführbar ist, stets Ursache haben, dem Patriotismus derer zu misstrauen, die, in welchen Zirkeln auch immer, bestrebt sind, ihre Bande zu lockern.

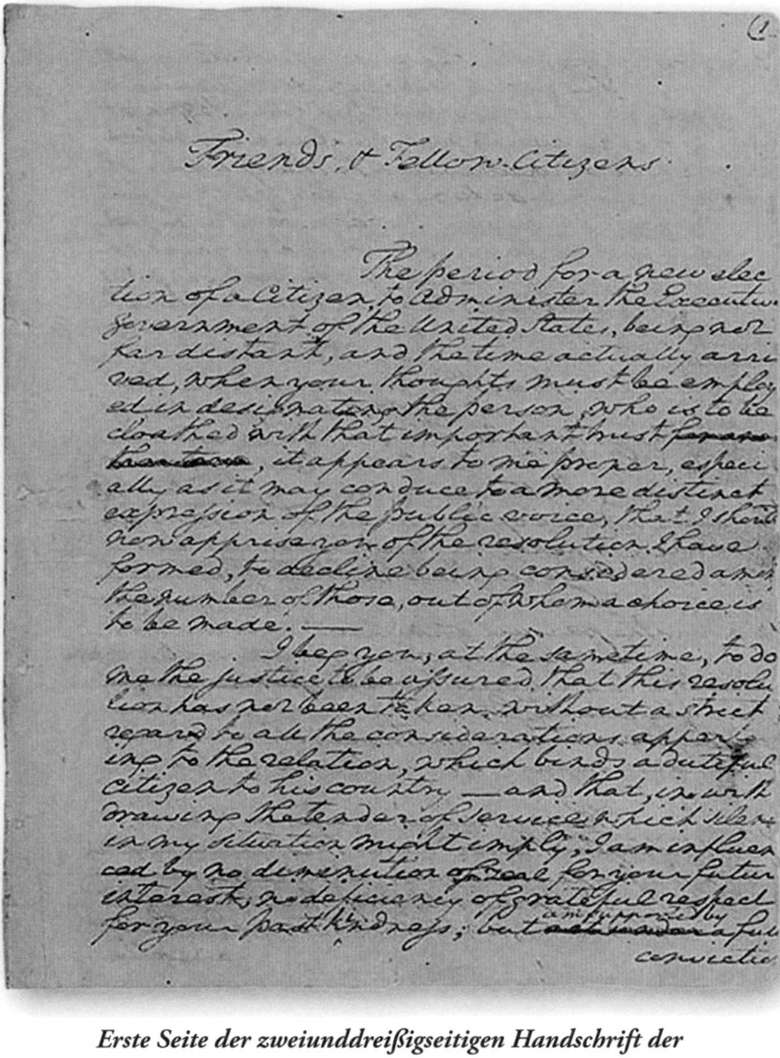
1

Friends, & Fellow-Citizens.

The period for a new election of a Citizen, to administer the Executive Government of the United States, being not far distant, and the time actually arrived, when your thoughts must be employed in designating the person, who is to be cloathed with that important trust, it appears to me proper, especially as it may conduce to a more distinct expression of the public voice, that I should now apprise you of the resolution I have formed, to decline being considered among the number of those, out of whom a choice is to be made.—

I beg you, at the same time, to do me the justice to be assured, that this resolution has not been taken, without a strict regard to all the considerations appertaining to the relation, which binds a dutiful citizen to his country — and that, in withdrawing the tender of service which silence in my situation might imply, I am influenced by no diminution of zeal for your future interest, no deficiency of grateful respect for your past kindness; but am supported by a full conviction

Erste Seite der zweiunddreißigseitigen Handschrift der Abschiedsrede (New York Public Library)

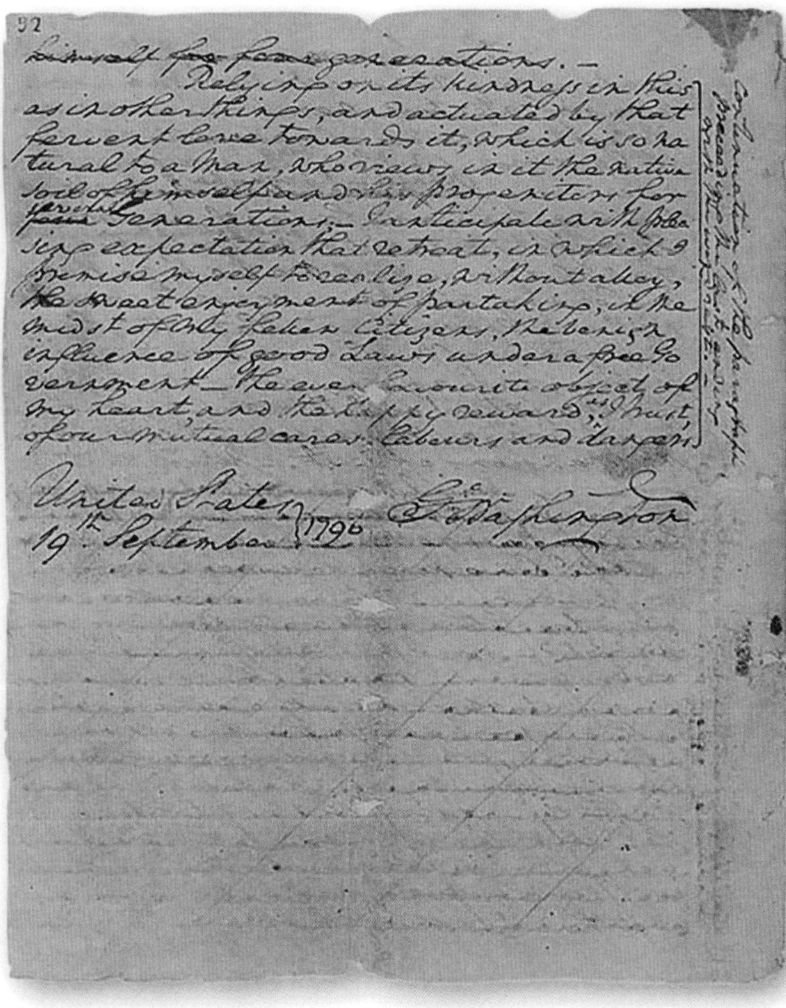

32

~~himself for some generations~~. —
Relying on its kindness in this as in other things, and actuated by that fervent love towards it, which is so natural to a Man, who views in it the native soil of himself and his progenitors for several generations; I anticipate with pleasing expectation that retreat, in which I promise myself to realize, without alloy, the sweet enjoyment of partaking, in the midst of my fellow Citizens, the benign influence of good Laws under a free Government — the ever favourite object of my heart, and the happy reward, as I trust, of our mutual cares, labours and dangers.

United States
19th September } 1796

Go. Washington

Letzte Seite der zweiunddreißigseitigen Handschrift der Abschiedsrede (New York Public Library)

Bei der Betrachtung der Ursachen, die unsere Union gefährden könnten, gibt Anlass zu ernster Besorgnis, dass man Gründe vorgebracht hat, Parteien mittels *geographischer* Unterscheidungen – *nördliche* und *südliche*, *atlantische* und *westliche* – zu charakterisieren; daher könnten berechnende Männer versuchen, den Eindruck zu erwecken, es gebe bei örtlichen Interessen und Auffassungen einen wirklichen Unterschied.

Eines der Mittel einer Partei, Einfluss in bestimmten Distrikten zu erlangen, besteht darin, die Ansichten und Ziele anderer Distrikte falsch darzustellen. Vor den Eifersüchteleien und Gehässigkeiten, die aus derartigen Falschdarstellungen entstehen, können Sie sich nicht genug schützen. Sie tragen dazu bei, diejenigen, die in brüderlicher Zuneigung verbunden sein sollten, einander zu entfremden. Erst kürzlich haben die Bewohner des Westens in dieser Hinsicht eine nützliche Lehre erhalten. Die Aushandlung des Vertrags mit Spanien durch die Exekutive, seine einstimmige Ratifizierung durch den Senat und die allgemeine Genugtuung über dieses Ereignis in den Vereinigten Staaten haben ihnen einen entscheidenden Beweis dafür geliefert, wie unbegründet der unter ihnen verbreitete Argwohn war, die Politik der Bundesregierung und der atlantischen Bundesstaaten sei gegen ihre Interessen bezüglich des Mississippis gerichtet. Sie waren Zeugen zweier Vertragsabschlüsse, einer mit Großbritannien und einer mit Spanien, die ihnen im Hinblick auf unsere Außenbeziehungen alles zusichern, was sie sich nur wünschen können, um ihren Wohlstand zu mehren. Wäre es nicht klug, wenn sie sich zur Wahrung dieser Vorteile auf die Union verließen, die sie ihnen verschafft hat? Werden sie fortan nicht taub sein gegen jene Ratgeber – falls es denn Ratgeber sind –, die sie von ihren Brüdern trennen und mit Fremden verbandeln wollen?

Für die Wirksamkeit und Dauerhaftigkeit Ihrer Union ist eine Regierung für das Ganze unerlässlich. Kein noch so starkes Bündnis zwischen den Teilen kann ein angemessener Ersatz dafür sein. Es würde unweigerlich jene Störungen und Stockungen erleben, die alle Bündnisse zu allen Zeiten erlebt haben. Im Bewusstsein dieser bedeutsamen Wahrheit haben Sie Ihren ersten Versuch einer Regierungsverfassung durch die Annahme einer zweiten übertroffen, die besser als die frühere auf eine enge Union und auf die wirksame Verwaltung Ihrer gemeinsamen Belange zugeschnitten ist. Diese Verfassung, Resultat unserer eigenen, ohne jede Einflussnahme oder Einschüchterung erfolgten Entscheidung, angenommen nach eingehender Prüfung und reiflicher Überlegung, vollkommen frei in ihren Grundsätzen, in der Verteilung der Gewalten, in der Verbindung von Sicherheit mit Kraft, enthält eine Klausel für ihre eigene Nachbesserung und hat einen gerechten Anspruch auf Ihr Vertrauen und Ihre Unterstützung. Die Achtung ihrer Autorität, die Einhaltung ihrer Gesetze, die Zustimmung zu ihren Maßregeln sind Pflichten, die uns von den elementaren Grundsätzen wahrer Freiheit auferlegt werden. Grundlage unseres politischen Systems ist das Recht des Volkes, die Staatsverfassung zu gestalten und zu ändern. Doch die Verfassung, wie sie zu jedem gegebenem Zeitpunkt besteht, bis sie durch einen ausdrücklichen und authentischen Akt des ganzen Volkes geändert wird, ist eine heilige Verpflichtung für alle. Die Idee der Macht und des Rechts des Volkes, eine Regierung einzusetzen, setzt die Pflicht eines jeden voraus, der einmal eingesetzten Regierung Gehorsam zu leisten.

Jede Behinderung der Anwendung von Gesetzen, alle Verbände und Vereinigungen, die, mögen sie noch so plausible Gründe anführen, die Absicht verfolgen, die ordentlichen Beratungen und Maßnahmen der eingesetzten Behörden zu lenken, zu kontrollieren, zu konterkarieren oder einzuschüchtern, wirken zerstörerisch auf dieses Grundprinzip und stellen eine überaus verhängnisvolle Tendenz dar. Sie dienen dazu, Faktionen zu bilden und denselben außerordentliche und künstliche Macht zu verleihen – um an die Stelle des delegierten Willens der Nation den Willen einer Partei zu setzen, oftmals einer kleinen, aber geschickten und einfallsreichen Minderheit innerhalb des Gemeinwesens; und um die öffentliche Verwaltung, je nach den wechselnden Triumphen verschiedener Parteien, zum Spiegel schlecht abgestimmter und unvereinbarer Projekte von Faktionen zu machen statt zum Organ in sich schlüssiger und heilsamer Pläne, die in gemeinschaftlichen Beratungen geprüft sind und gemeinsamen Interessen Rechnung tragen. Sosehr auch Verbände oder Vereinigungen der obigen Art hin und wieder populäre Ziele verfolgen mögen, im Laufe der Zeit und der Dinge werden sie mit hoher Wahrscheinlichkeit zu machtvollen Instrumenten, durch die abgefeimte, ehrgeizige und skrupellose Männer in die Lage versetzt werden, die Macht des Volkes zu untergraben, selber die Zügel der Regierung an sich zu reißen und hinterher ebenjene Instrumente zu zerstören, die ihnen zu unrechtmäßiger Herrschaft verholfen haben.

Für den Erhalt Ihrer Regierung und die Dauerhaftigkeit Ihres gegenwärtigen glücklichen Zustands ist es zwingend erforderlich, dass Sie nicht nur jeder regelwidrigen Opposition gegen ihre anerkannte Autorität standhaft entgegentreten, sondern sich mit besonderer Sorgfalt dem Geist einer Erneuerung ihrer Prinzipien widersetzen, so bestechend die vorgespiegelten Gründe auch sein mögen. Eine Angriffsmethode könnte darin bestehen, Änderungen an den Formen der Verfassung vorzunehmen, die die Kraft des Systems schwächen, und somit auszuhöhlen, was nicht direkt umgestoßen werden kann. Bei allen Änderungen, zu denen Sie aufgefordert werden mögen, sollten Sie daran denken, dass sich, wie bei allen anderen menschlichen Einrichtungen, der wahre Charakter von Regierungen erst durch Zeit und Gewohnheit erweist; dass die Erfahrung der sicherste Maßstab ist, um die tatsächliche Entwicklungsrichtung der bestehenden Verfassung eines Landes zu prüfen; dass aufgrund bloßer Hypothesen und Meinungen leichtfertig vorgenommene Änderungen an der Verfassung dank der unendlichen Vielfalt von Hypothesen und Meinungen immer neue Änderungen nach sich ziehen; insbesondere sollten Sie daran denken, dass für die wirksame Vertretung Ihrer gemeinsamen Interessen in einem so ausgedehnten Land wie dem unsrigen eine Regierung von solcher Durchsetzungskraft, wie sie sich mit der vollkommenen Wahrung der Freiheit vereinbaren lässt, unabdingbar ist.

Die Freiheit selbst wird in einer solchen Regierung, mit ordnungsgemäß verteilten und ausgewogenen Befugnissen, ihre zuverlässigste Hüterin finden. Eine Regierung, die zu schwach ist, um den Machenschaften von Faktionen zu widerstehen, jedes Glied der Gesellschaft in den gesetzlich vorgeschriebenen Grenzen zu halten und alle in den sicheren und ruhigen Genuss der Persönlichkeits- und Eigentumsrechte kommen zu lassen, ist eine Regierung nur dem Namen nach.

Ich habe Sie bereits auf die Gefahr hingewiesen, die Parteien für einen Staat bedeuten können, namentlich wenn sie sich auf geographische Unterscheidungen gründen. Nunmehr möchte ich einen umfassenderen Standpunkt einnehmen und Sie eindringlich vor den verderblichen Auswirkungen des Parteigeistes im Allgemeinen warnen.

Unglücklicherweise ist dieser Geist untrennbar mit unserer Natur verbunden, wurzelt er doch in den stärksten Leidenschaften des menschlichen Gemüts. In unterschiedlichen Formen existiert er, mehr oder weniger gedämpft, gebändigt oder unterdrückt, in allen Regierungen; in denen jedoch, die vom Volke ausgehen, wuchert er üppig und ist wahrlich ihr ärgster Feind.

Die wechselnde Herrschaft einer Faktion über eine andere, verschärft durch den Geist der Rache, welcher Zwistigkeiten zwischen Parteien zu eigen ist und in verschiedenen Zeitaltern und Ländern die schrecklichsten Ungeheuerlichkeiten verschuldet hat, ist selbst schon ein heilloser Despotismus. Schließlich aber mündet sie in einen formelleren und dauerhafteren Despotismus. Unordnung und Leid, die schrittweise daraus resultieren, bewegen die Menschen dazu, Sicherheit und Ruhe in der absoluten Macht eines Individuums zu suchen; und früher oder später nutzt der Anführer einer siegreichen Faktion, der fähiger oder begünstigter ist als seine Rivalen, diese Stimmung für seinen Aufstieg auf den Trümmern der öffentlichen Freiheit.

Ohne gleich den äußersten Fall annehmen zu wollen (der gleichwohl nicht ganz aus dem Blick geraten sollte), muss es einem klugen Volk Anliegen und Verpflichtung sein, schon allein den gewöhnlichen und unablässigen Mutwillen des Parteigeistes zu hemmen und zu zügeln.

Stets dient er dazu, die öffentlichen Beratungen zu verwirren und die öffentliche Verwaltung zu schwächen. Er erschüttert das Gemeinwesen durch unbegründete Eifersucht und falschen Alarm, schürt die Animosität eines Teils gegen den anderen, entfacht gelegentlich sogar Aufruhr und Revolte. Er öffnet die Tür für ausländische Einflussnahme und Bestechung, die über die Kanäle der Parteileidenschaften leichteren Zugang zur Regierung selbst finden. Auf diese Weise werden die Politik und der Wille eines Landes der Politik und dem Willen eines anderen unterworfen.

Es gibt eine Auffassung, wonach Parteien in freien Ländern eine nützliche Kontrolle der Regierungsausübung darstellen und dazu beitragen, den Geist der Freiheit lebendig zu erhalten. Innerhalb gewisser Grenzen trifft dies vermutlich zu – und in monarchischen Regierungen mag der Patriotismus mit Nachsicht, wenn nicht gar mit Wohlwollen auf den Parteigeist blicken. In Regierungen jedoch, die vom Volke ausgehen, in Regierungen, die gewählt werden, darf ein solcher Geist nicht ermuntert werden. In ihnen gibt es von Natur aus stets genug von diesem Geist, um heilsam zu wirken. Und da ständig die Gefahr des Exzesses besteht, sollte jede Anstrengung unternommen werden, ihn mit Hilfe der öffentlichen Meinung zu mildern und zu mindern. Als ein Feuer, das nicht gelöscht werden kann, erheischt er fortwährende Wachsamkeit, um zu verhindern, dass er auflodert und uns verzehrt, statt uns zu wärmen.

Ebenso wichtig ist es, dass die Denkgewohnheiten eines freien Landes die mit der Administration betrauten Personen zur Vorsicht mahnen, sich auf ihre jeweilige Verfassungssphäre zu beschränken und bei der Ausübung der Befugnisse einer Abteilung zu vermeiden, dass sie in die einer anderen übergreifen. Der Geist des Übergriffs neigt dazu, die Befugnisse aller Abteilungen in einer einzigen zu vereinigen und so, unbeschadet der Regierungsform, einen wirklichen Despotismus zu errichten. Um uns von der Wahrheit dieser Behauptung zu überzeugen, genügt es, die Liebe zur Macht und den Hang zu deren Missbrauch, die beide dem menschlichen Herzen innewohnen, richtig einzuschätzen. Die Notwendigkeit wechselseitiger Kontrolle bei der Ausübung politischer Macht, durch Aufteilung und Aufgliederung auf verschiedene Instanzen und durch die Einsetzung einer jeden zur Hüterin des öffentlichen Wohls gegen Übergriffe der anderen, ist durch antike und moderne Versuche bewiesen, etliche davon in unserem eigenen Land und vor unseren eigenen Augen. Diese wechselseitige Kontrolle zu erhalten ist ebenso notwendig wie sie einzuführen. Sollte die Aufgliederung oder die Gestaltung der verfassungsmäßigen Gewalten in den Augen des Volkes in irgendeiner Hinsicht verkehrt sein, lasse man sie auf eine Weise, wie sie in der Verfassung vorgesehen ist, durch einen Zusatz korrigieren. Eine Änderung durch Usurpation hingegen darf es nicht geben; denn selbst wenn sie in einem bestimmten Fall ein Werkzeug des Guten wäre, so ist sie doch die übliche Waffe, mit der freiheitliche Regierungen zerstört werden. Das fortgesetzte Übel eines solchen Präzedenzfalls würde jeden partiellen oder vorübergehenden Vorteil, der sich zu irgendeiner Zeit aus seiner Anwendung ergeben mag, bei weitem überwiegen.

Von allen Gesinnungen und Gewohnheiten, die zu politischem Wohlergehen führen, sind Religion und Moral unverzichtbare Stützen. Vergebens würde der Mann Anspruch auf die Anerkennung seines Patriotismus erheben können, der danach strebt, diese großen Säulen menschlichen Glücks, diese festesten Stützen der Menschen- und Bürgerpflichten umzustürzen. Der Politiker sollte sie ebenso achten und schätzen wie der fromme Mensch. Ein ganzes Buch würde nicht ausreichen, um nachzuzeichnen, wie sehr private und öffentliche Glückseligkeit mit ihnen verbunden ist. Es sei die schlichte Frage gestellt, wie es um die Sicherheit von Eigentum, Ansehen und Leben stünde, sollte aus den Eiden, welche die Instrumente der Wahrheitsfindung vor Gericht sind, das religiöse Pflichtgefühl entweichen. Und lassen Sie mich behutsam der Annahme nachgehen, Moral könne auch ohne Religion aufrechterhalten werden. Welchen

Einfluss man verfeinerter Bildung auf einen eigentümlich beschaffenen Geist auch zubilligen mag, Vernunft wie Erfahrung verbieten uns die Erwartung, dass sich eine nationale Moral unter Ausschluss religiöser Grundsätze durchsetzen ließe.

Es ist eine grundlegende Wahrheit, dass Tugend oder Moral eine notwendige Quelle der vom Volk gewählten Regierung ist. In der Tat trifft diese Regel mehr oder minder auf jede Art von freiheitlicher Regierung zu. Kann jemand, der ihr ein aufrichtiger Freund ist, den Versuchen, das Fundament des Gefüges zu erschüttern, mit Gleichgültigkeit begegnen?

Fördern Sie also, als eine Angelegenheit von vorrangiger Bedeutung, Institutionen zur allgemeinen Verbreitung von Wissen. In dem Maße, wie der Aufbau einer Regierung der öffentlichen Meinung Einfluss gewährt, ist es von größtem Gewicht, dass die öffentliche Meinung aufgeklärt ist.

Staatliche Kreditaufnahme sollten Sie als bedeutsame Quelle von Stärke und Sicherheit schätzen. Eine

Methode, diese Quelle zu erhalten, besteht darin, sie so schonend wie möglich einzusetzen und unnötige Kosten zu vermeiden, indem man den Frieden fördert, zugleich aber bedenkt, dass zeitige Ausgaben zur Vorbereitung auf eine Gefahr oft weit höheren Ausgaben zu deren Abwehr vorbeugen; gleichermaßen die Anhäufung von Schulden zu vermeiden, nicht nur, indem man vor unnötigen Kosten zurückscheut, sondern auch, indem man in Friedenszeiten energische Anstrengungen unternimmt, um die Schulden zu begleichen, die unvermeidliche Kriege verursacht haben mögen, und nicht etwa, indem man die Last, die wir selber tragen sollten, kleinherzig auf die Nachwelt abwälzt. Die Befolgung dieser Maximen obliegt Ihren Vertretern, aber es ist notwendig, dass die öffentliche Meinung kooperiert. Um ihnen die Ausübung ihrer Pflichten zu erleichtern, sollten Sie unbedingt im Sinn behalten, dass zur Begleichung von Schulden Einnahmen vorliegen müssen; dass, um Einnahmen zu erzielen, Steuern erhoben werden müssen; dass keine Steuer ersonnen werden kann, die nicht mehr oder minder lästig und unangenehm ist; dass die Peinlichkeit, die der Auswahl geeigneter Gegenstände (stets eine Wahl zwischen Übeln) untrennbar innewohnt, ein entscheidender Antrieb dafür sein sollte, die Handlungsweise der Regierung, die die Auswahl getroffen hat, unvoreingenommen zu beurteilen und sich in die Maßnahmen zur Erlangung von Einnahmen zu fügen, wie sie der öffentliche Bedarf jederzeit diktieren kann.

Üben Sie Gutwilligkeit und Gerechtigkeit gegenüber allen Nationen; pflegen Sie Frieden und Eintracht mit allen – Religion und Moral gebieten eine solche Haltung; und wie kann es anders sein, als dass gute Politik sie ebenfalls gebietet? Es ist einer freien, aufgeklärten und, in nicht allzu ferner Zeit, großen Nation würdig, der Menschheit das edelmütige und neuartige Beispiel eines Volkes zu geben, das sich stets von erhabener Gerechtigkeit und Güte leiten lässt. Wer kann bezweifeln, dass die Früchte eines solchen Vorgehens im Laufe der Zeit und der Dinge alle vorübergehenden Vorteile, die durch ein beharrliches Festhalten an ihm verloren gehen könnten, reichlich wettmachen würden? Kann es wirklich sein, dass die Vorsehung das dauerhafte Glück einer Nation nicht an deren Tugend geknüpft hat? Zumindest der Versuch wird von jeder Geisteshaltung nahegelegt, welche die menschliche Natur adelt. Ach, sollten ihre Laster ihn vereiteln?

Bei der Ausführung eines solchen Vorhabens ist nichts maßgeblicher, als dass dauerhafte, eingewurzelte Antipathien gegen bestimmte Nationen und leidenschaftliche Bindungen an andere ausgeschlossen und stattdessen gerechte und freundschaftliche Gefühle gegenüber allen kultiviert werden. Eine Nation, die einer anderen gegenüber gewohnheitsmäßigen Hass oder gewohnheitsmäßige Zuneigung an den Tag legt, ist in gewissem Maße Sklavin. Sie ist Sklavin ihrer Abneigung oder ihrer Zuneigung; beide reichen aus, um sie von ihren Obliegenheiten und ihren Interessen abzulenken. Die Antipathie einer Nation gegen eine andere ist dazu angetan, dass jede von beiden die andere umso bereitwilliger beschimpft und beschädigt, geringfügige Vorfälle zum Anlass für Verärgerung nimmt und hochmütig und unnachgiebig ist, wenn es zu zufälligen oder unbedeutenden Streitigkeiten kommt. Daher häufige Zusammenstöße, hartnäckige, erbitterte und blutige Auseinandersetzungen. Zuweilen treibt die Nation, angespornt von bösem Willen und Ressentiment, die Regierung entgegen den besten Überlegungen der Politik in den Krieg. Zuweilen teilt die Regierung die nationalen Neigungen und macht sich aus Leidenschaft zu eigen, was die Vernunft verwerfen würde; zu anderen Zeiten macht sie die Animosität der Nation feindseligen Vorhaben dienstbar, die durch Stolz, Ehrgeiz und andere finstere und verderbliche Beweggründe angestachelt werden. Oft ist der Friede, mitunter wohl auch die Freiheit der Nationen das Opfer gewesen.

Ganz ähnlich bringt auch die leidenschaftliche Bindung einer Nation an eine andere eine Vielzahl von Übeln hervor. Die Sympathie für die Lieblingsnation, die selbst in Fällen, wo kein echtes gemeinsames Interesse besteht, die Illusion eines imaginären gemeinsamen Interesses begünstigt und der einen Nation die Feindschaften der anderen einflößt, verleitet erstere ohne hinreichende Veranlassung oder Rechtfertigung zur Teilnahme an den Streitigkeiten und Kriegen letzterer. Sie führt außerdem dazu, der Lieblingsnation Privilegien zuzugestehen, die anderen verweigert werden, was der Nation, die die Zugeständnisse macht, gleich zweifach Schaden zufügen kann – indem sie sich unnötigerweise von Dingen trennt, die sie hätte behalten sollen, und indem sie bei den Parteien, denen entsprechende Privilegien vorenthalten werden, Missgunst, böses Blut und Vergeltungssucht erregt. Und sie gibt ehrgeizigen, korrupten oder verblendeten Bürgern (die sich der Lieblingsnation andienen) die Möglichkeit, die Interessen ihres eigenen Landes ohne jede Anrüchigkeit, bisweilen sogar unter Zuspruch zu verraten oder aufzuopfern und die niedere oder törichte Willfährigkeit, mit der sie sich dem Ehrgeiz, der Korruption oder der Verblendung ergeben haben, mit dem Anschein tugendhaften Pflichtgefühls, vorbildlicher Rücksichtnahme auf die öffentliche Meinung oder lobenswerten Eifers für das Allgemeinwohl zu übergolden.

Als Einfallstor für ausländische Einflussnahme verschiedenster Art sind derartige Bindungen für den wahrhaft aufgeklärten und unabhängigen Patrioten besonders besorgniserregend. Wie viele Gelegenheiten sie bieten, einheimische Faktionen zu manipulieren, die Kunst der Verführung zu praktizieren, die öffentliche Meinung irrezuleiten, die öffentlichen Gremien zu beeinflussen oder einzuschüchtern! Eine solche Bindung einer kleinen oder schwachen an eine große und mächtige Nation verdammt erstere dazu, ein Satellit der letzteren zu werden.

Gegen die heimtückischen Machenschaften ausländischer Einflussnahme (ich beschwöre Sie, mir zu glauben, liebe Mitbürger) sollte das Misstrauen eines freien Volkes *ständig* wachsam sein, denn Geschichte und Erfahrung beweisen, dass ausländische Einflussnahme einer der verderblichsten Feinde einer republikanischen Regierung ist. Doch um nützlich zu sein, muss das Misstrauen unparteiisch sein; andernfalls wird es zum Instrument ebenjener Einflussnahme, die vermieden werden soll, statt zu deren Abwehr. Übermäßige Vorliebe für eine fremde

Nation und übermäßige Abneigung gegen eine andere sorgen dafür, dass jene, die sich von ihnen treiben lassen, die Gefahr nur von einer Seite sehen, und tragen dazu bei, geschickte Einflussnahme von anderer Seite zu verschleiern oder gar zu unterstützen. Wahre Patrioten, die sich den Ränkespielen der Lieblingsnation widersetzen, laufen Gefahr, Argwohn und Hass auf sich zu ziehen, während deren Handlanger und Werkzeuge sich den Beifall und das Vertrauen des Volkes erschleichen, um seine Interessen preiszugeben.

Die Faustregel für unser Verhalten gegenüber fremden Nationen lautet, bei der Ausweitung unserer Handelsbeziehungen so wenig *politische* Beziehungen wie möglich mit ihnen einzugehen. Sofern wir derartige Abmachungen bereits getroffen haben, sollten sie nach Treu und Glauben erfüllt werden. Aber dabei soll es bleiben.

Europa verfolgt eine Reihe grundlegender Interessen, die mit uns nichts oder nur sehr entfernt zu tun haben. So ist Europa häufig in Streitigkeiten verwickelt, deren Ursachen unseren eigenen Belangen im Wesentlichen fremd sind. Daher wäre es unklug, uns durch künstliche Bande in das übliche Wechselspiel europäischer Politik oder in die üblichen Zusammenschlüsse und Zusammenstöße europäischer Freund- oder Feindschaften hineinziehen zu lassen.

Unsere gesonderte und entfernte Lage nötigt und befähigt uns, einen anderen Kurs einzuschlagen. Wenn wir, unter einer tüchtigen Regierung, *ein* Volk bleiben, wird der Zeitpunkt nicht mehr fern sein, da wir materiellen Schaden durch Störungen von außen abwenden können; da wir in der Lage sind, darauf hinzuwirken, dass die Neutralität, zu der wir uns zu irgendeiner Zeit entschließen können, peinlich genau respektiert wird; da kriegführende Nationen angesichts der Unmöglichkeit, uns Gebiete zu entreißen, es nicht leichtfertig wagen werden, uns zu provozieren; da wir Frieden oder Krieg wählen können, je nachdem, was unser von Gerechtigkeit geleitetes Interesse ratsam erscheinen lässt.

Warum auf die Vorzüge einer so einzigartigen Lage verzichten? Warum den eigenen Boden verlassen, um auf fremdem zu stehen? Warum unseren Frieden und Wohlstand in die Fallstricke europäischer Ambitionen, Rivalitäten, Interessen, Stimmungen oder Eskapaden verwirren, indem wir unser Schicksal an den eines beliebigen Teils Europas knüpfen?

Unsere wahre Politik besteht darin, dauerhafte Allianzen mit irgendeinem Teil des Auslands zu meiden – ich meine, soweit es uns derzeit möglich ist, denn ich will nicht so verstanden werden, als könnte ich Treulosigkeit gegenüber bestehenden Abmachungen befürworten (vielmehr vertrete ich die Maxime, dass Ehrlichkeit stets die beste Politik ist, in öffentlichen Angelegenheiten nicht weniger als in privaten) – daher wiederhole ich: Derartige Abmachungen sollten ihrem wahren Sinn gemäß eingehalten werden. Meiner Ansicht nach ist es jedoch unnötig und wäre auch unklug, sie auszudehnen.

Wenn wir stets darauf bedacht sind, durch geeignete Einrichtungen ehrbar auf Verteidigung eingestellt zu sein, dürfen wir in außergewöhnlichen Notfällen getrost auf zeitweilige Allianzen bauen.

Eintracht und freier Verkehr mit allen Nationen werden uns von Politik, Menschlichkeit und Eigeninteresse nahegelegt. Doch selbst unsere Handelspolitik sollte gleichmäßig und unparteiisch verfahren: exklusive Begünstigungen oder Bevorzugungen weder anstreben noch gewähren; den natürlichen Verlauf der Dinge berücksichtigen; Handelsströme gemächlich ausweiten und diversifizieren, aber nichts forcieren; sie sollte, um dem Handel zu einem stabilen Kurs zu verhelfen, die Rechte unserer Kaufleute definieren und die Regierung in die Lage versetzen, sie zu unterstützen, mit gleichgesinnten Mächten vertragliche Regeln für den Handelsverkehr festlegen, so gut gegenwärtige Umstände und die Meinung beider Seiten es zulassen, aber nur vorübergehend und unter dem Vorbehalt, sie von Zeit zu Zeit aufheben oder abändern zu können, je nachdem, was Erfahrung und Umstände diktieren; sie sollte ständig im Auge behalten, dass es eine Torheit ist, als Nation uneigennützige Gunstbezeigungen von einer anderen Nation zu erwarten – dass sie vielmehr für alles, was sie in dieser Art annehmen mag, mit einem

Teil ihrer Unabhängigkeit bezahlen muss; dass sie durch eine solche Annahme in die Lage geraten kann, für bloß nominelle Gunstbezeigungen Gegenleistungen erbracht zu haben und sich dennoch den Vorwurf der Undankbarkeit einzuhandeln, weil sie nicht noch mehr erbracht hat. Es kann keinen größeren Irrtum geben, als tatsächliche Gunstbezeigungen einer Nation an eine andere zu erwarten oder sich auf diese zu verlassen. Es ist eine Illusion, die die Erfahrung heilen muss und die ein gerechter Stolz ablegen sollte.

Wenn ich Ihnen, meine Landsleute, diese Ratschläge eines alten und liebevollen Freundes gebe, wage ich nicht zu hoffen, dass sie den starken und bleibenden Eindruck hinterlassen werden, den ich mir wünsche – dass sie den üblichen Strom der Leidenschaften eindämmen oder unsere Nation daran hindern werden, den Weg zu beschreiten, der bislang das Schicksal von Nationen geprägt hat. Aber wenn ich mir schmeicheln dürfte, dass sie in Teilen etwas Nützliches, gelegentlich etwas Gutes bewirken könnten, dass sie hin und wieder in Erinnerung gerufen werden könnten, um den Furor des Parteigeistes zu mäßigen, vor den Schandtaten ausländischer Intrigen zu warnen, sich vor den Betrügereien eines vorgetäuschten Patriotismus zu hüten, so wird mir diese Hoffnung für die Sorge um Ihr Wohlergehen, von der sie diktiert wurden, ein reichlicher Lohn sein.

Inwieweit ich mich bei der Erfüllung meiner amtlichen Pflichten von den dargelegten Grundsätzen habe leiten lassen, müssen die staatlichen Akten und andere Beweise meines Verhaltens vor Ihnen und der Welt bezeugen. Mir persönlich versichert mein Gewissen, dass ich zumindest der Überzeugung gewesen bin, von ihnen geleitet zu sein.

Im Zusammenhang mit dem noch immer andauernden Krieg in Europa bietet meine Proklamation vom 22. April 1793 einen Anhaltspunkt für meine Einstellung. Legitimiert durch Ihre und die Zustimmung Ihrer Vertreter in beiden Kammern des Kongresses, habe ich mich stets vom Geist dieser Maßnahme leiten lassen, unbeeinflusst von jeglichen Versuchen, mich davon abzuhalten oder abzulenken.

Nach eingehender Prüfung mit Hilfe der besten Geister, deren ich habhaft werden konnte, war ich zutiefst überzeugt, dass unser Land unter den obwaltenden Umständen das Recht – und seinem Interesse nach die Pflicht – hatte, eine neutrale Position einzunehmen. Nachdem diese einmal eingenommen war, beschloss ich, sie, soweit es von mir abhing, mit Mäßigung, Beharrlichkeit und Festigkeit zu vertreten.

Die Erwägungen, die das Recht betreffen, sich so zu verhalten, brauche ich bei dieser Gelegenheit nicht näher zu erörtern. Ich möchte nur bemerken, dass nach meinem Verständnis der Angelegenheit dieses Recht, statt von irgendeiner der kriegführenden Mächte bestritten zu werden, von fast allen anerkannt wurde.

Die Pflicht, sich neutral zu verhalten, lässt sich ohne weiteres aus einer Verpflichtung ableiten, welche Gerechtigkeit und Menschlichkeit jeder Nation auferlegen: nämlich in Fällen, in denen sie frei handeln kann, friedliche und freundschaftliche Beziehungen zu anderen Nationen zu unterhalten.

Welche Beweggründe aus Eigeninteresse für ein solches Verhalten sprechen, sei Ihren eigenen Erwägungen und Erfahrungen anheimgestellt. Für mich war ein vorherrschendes Motiv das Bemühen, Zeit für unser Land zu gewinnen, damit seine noch jungen Institutionen Fuß fassen und reifen können und ohne Unterbrechung jenen Grad an Stärke und Beständigkeit erreichen, der vonnöten ist, damit es, menschlich gesprochen, Herr über sein eigenes Schicksal werden kann.

Obwohl ich mir beim Rückblick auf Vorfälle während meiner Regierungszeit keiner vorsätzlichen Fehler bewusst bin, weiß ich doch nur allzu gut um meine Schwächen, als dass ich es nicht für wahrscheinlich hielte, viele Fehler begangen zu haben. Worin sie auch bestehen mögen, ich bitte den Allmächtigen flehentlich, die Übel, zu denen sie führen könnten, abzuwenden oder doch abzumildern. Auch werde ich die Hoffnung in mir tragen, dass mein Land niemals aufhören möge, sie mit Nachsicht zu beurteilen, und dass, nachdem ich fünfundvierzig Jahre meines Lebens mit redlichem Eifer seinen Diensten gewidmet habe, die Mängel unzulänglicher Fähigkeiten nun, da ich bald schon in die Wohnungen des Friedens eingehen muss, dem Vergessen anheimfallen mögen.

Im Vertrauen auf die Gewogenheit meines Landes in diesen wie in anderen Dingen und angetrieben von jener inbrünstigen Liebe zu ihm, welche für einen Mann, der in ihm den heimatlichen Boden seiner selbst und seiner Vorfahren seit mehreren Generationen sieht, so natürlich ist, sehe ich mit freudiger Erwartung jenem Ruhestand entgegen, von dem ich mir verspreche, dass er mir den ungetrübten, süßen Genuss ermöglicht, inmitten meiner Mitbürger der wohltätigen Wirkung guter Gesetze unter einer freien Regierung teilhaftig zu werden – dem liebsten Gegenstand meines Herzens und, wie ich hoffe, dem glücklichen Lohn für unsere gemeinsamen Sorgen, Mühen und Gefahren.

Vereinigte Staaten
19. September 1796 *G. Washington*

Anmerkung des Übersetzers

George Washington hielt seine auf den 17. September 1796 datierte Abschiedsrede nicht mündlich; vielmehr wurde sie zwei Tage später unter dem Titel »THE ADDRESS OF GEN. WASHINGTON To the People of America, ON HIS DECLINING THE PRESIDENCY OF THE UNITED STATES« im *Claypoole's Daily American Advertiser* in Schriftform veröffentlicht. Insofern handelt es sich eher um einen Abschiedsgruß, einen Abschiedsbrief oder eine Abschiedsbotschaft als um eine Abschiedsrede.

Andere Zeitungen folgten unverzüglich, oft mit einem Abdruck noch am selben Tag. Einzeldrucke in Broschürenform wurden mit *The Resignation of His Excellency George Washington, President of the United States; and His Address to the Citizens of the United States, September 17th, 1796* oder mit *The Legacy of the Father of His Country: Address of George Washington, President of the United States, to His Fellow Citizens, on Declining Being*

Considered a Candidate for Their Future Suffrages überschrieben. Erst der *Courier of New Hampshire* versah den Text mit jenem Titel, unter dem er allgemein bekannt wurde: »Washington's Farewell Address.«

Dementsprechend lautete der Titel der offenbar ersten deutschen Übersetzung »Washingtons Abschiedsaddresse [sic] (17. September 1796)«. Sie findet sich an prominenter Stelle und als »theure Gabe« im letzten Abschnitt (»Washington's Leben«) von A. Dudley Manns *Die nordamericanischen Freistaaten* (Bremen: C. Schünemann, 1845, S. 296–321).

Nach dem Zweiten Weltkrieg wurden Auszüge aus Washingtons »Rede« unter dem Titel »Washingtons Abschiedsbotschaft. An das Volk der Vereinigten Staaten anläßlich seines bevorstehenden Rücktritts von der Präsidentschaft. 17. September 1796« in Adolf Rock: *Dokumente der amerikanischen Demokratie* (Wiesbaden: Limes, 1947, S. 150–157) veröffentlicht. Auszüge in anderer Übersetzung finden sich in *Der Staat. Was Staatsmänner, Politiker und Philosophen über den Staat und seine Pro-*

bleme gesagt haben. Mit 14 Bildnissen. Zusammengestellt von Walter Schätzel. (Wiesbaden: Dieterich'sche Verlagsbuchhandlung, 1952, S. 245–258). Somit dürfte die vorliegende Fassung die erste vollständige Übersetzung ins Deutsche seit dem Jahr 1845 sein.

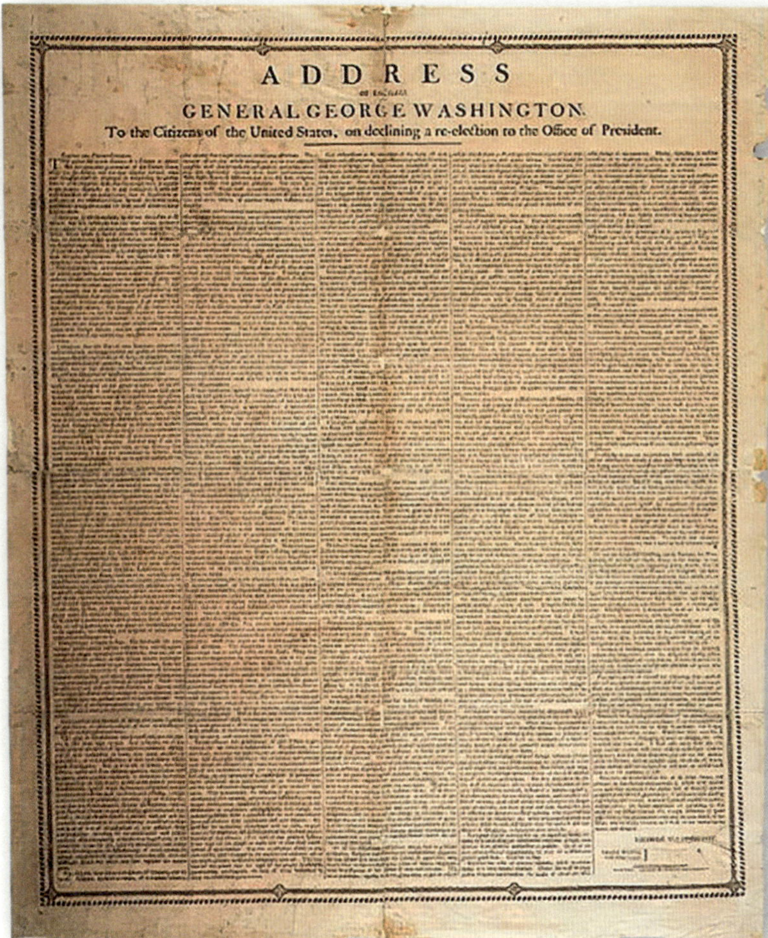
ADDRESS

GENERAL GEORGE WASHINGTON

To the Citizens of the United States, on declining a re-election to the Office of President.

Faksimile eines Drucks der Abschiedsrede durch Hudson and Goodwin, Hartford